ANALYSE

D'UNE ODE

DE

M. DE LAMARTINE,

ET

AUTRES ESSAIS,

COMPOSÉS PAR Mlle. DEBREUCQ,

Pour les Elèves du Pensionnat de Mlle. E. Dujat,

A BOULOGNE-SUR-MER.

BOULOGNE-SUR-MER.

IMPRIMERIE F. BIRLÉ, RUE DES PIPOTS, N° 36.

1840.

C'est sans doute une témérité qu'une personne obscure, sans nom d'auteur, qui n'a jamais écrit que pour l'instruction de ses élèves, et dont les travaux n'ont jamais franchi le seuil de sa classe, ait osé entreprendre de faire l'analyse d'un des plus beaux morceaux de notre grand poëte. L'homme de lettres le plus distingué aurait craint de rester au-dessous du sujet, et d'affaiblir, par la plus belle prose, l'énergie, la noblesse, la sublimité des pensées exprimées dans ces vers inimitables. Aussi le disons-nous en toute sincérité, nous n'avons eu d'autre prétention, en composant cet essai, que de corriger la traduction en prose de quelques-unes de ces strophes, données comme sujet de composition à nos élèves. Il nous arrive souvent, pour les encourager à traiter un sujet difficile, d'exécuter nous-même la tâche imposée; et ce travail sert de correction générale, après la correction particulière.

En un mot, inspirer le goût de la bonne littérature, cultiver de jeunes intelligences, nous efforcer de faire germer l'amour du vrai beau, de la vertu, de la religion dans des cœurs encore neufs d'impressions fâcheuses, voilà tout notre but et notre titre à l'indulgence de nos lecteurs.

ANALYSE

DE L'ODE

DE M. DE LAMARTINE

AU RÉDACTEUR DE LA NÉMÉSIS.

1.

ANALYSE DE L'ODE

DE M. DE LAMARTINE.

1.

Non, sous quelque drapeau que le barde se range,
La muse sert sa gloire et non ses passions !
Non, je n'ai point coupé les ailes de cet ange
Pour l'atteler, hurlant, au char des factions.
Non, je n'ai pas couvert du masque populaire
Son front resplendissant des feux du saint parvis,
Ni pour fouetter et mordre, irritant sa colère,
    Changé ma muse en Némésis.

Caractère du poëte nettement tracé : c'est un homme indépendant, il ne doit obéir qu'à la muse qui l'inspire ; il la déshonore, il se couvre lui-même d'infamie, lorsqu'il la fait servir sa haine, ses antipathies. Permis à tout poëte d'avoir une opinion politique, mais jamais de couvrir de boue ou d'arroser de fiel ceux qui ne pensent pas comme lui.

La muse qui n'inspire au poète que des chants purs et doux, saints et sublimes, qui font aimer la vertu, la religion, mérite d'être appelée ange de lumière ; car ses inspirations viennent du ciel. C'est lui couper les ailes, c'est lui ceindre le front de serpens, c'est l'armer de torches ardentes, attributs des Euménides, que de l'empêcher de prendre son essor vers les régions célestes, pour en rapporter des pensées suaves et saintes ; que de changer ses accents d'amour en hurlemens de haine.

"Pour l'atteler hurlant au char des passions."

Quelle énergique indignation, quelle force d'image dans cette ligne ! Cette muse jadis si noble, si touchante, si chastement gracieuse, devenue une noire furie, une sale harpie attelée au char portant les hideuses passions populaires, et le traînant dans la fange des ruisseaux : quelle horrible métamorphose !.....

Le poète satirique, honteux de ses propres fureurs, veut se déguiser à lui-même ce qu'elles ont de hideux : il couvre sa muse du masque à l'usage de tous les ambitieux déçus dans leurs hautes espérances, de tous les orgueilleux abaissés, du masque de l'intérêt, de l'amour du peuple ...

Il ne rougit pas d'appeler les hurlemens, les vociférations de la populace dont il a soulevé les passions, comme les vents déchaînés soulèvent les flots de l'Océan, la voix de Dieu !!! Quelle amère dérision ! quelle odieuse profanation du langage de l'Écriture !

2.

D'implacables serpents je ne l'ai point coiffée,
Je ne l'ai point menée une verge à la main,

Injuriant la gloire avec le luth d'Orphée,
Jeter des noms en proie au vulgaire inhumain,
Prostituant ses vers aux clameurs de la rue ;
Je n'ai pas arraché la prêtresse au saint lieu !
A ses profanateurs je ne l'ai point vendue,
 Comme Sion vendit son Dieu !

Dans cette justification, empreinte d'une si sublime indignation, le poète nous fait comprendre la violence qu'il eût dû faire à ses sentimens d'honnête homme, de chrétien, à son caractère de poète, qu'il envisage comme une sorte de sacerdoce, pour forcer sa muse à distiller le noir venin de l'envie sur des noms illustres ; pour faire servir les richesses, les beautés de la poésie, à vouer à l'exécration du bas peuple, toujours ingénieusement féroce dans ses passions exaltées par un génie infernal, des choses et des noms dignes de sa vénération et de sa reconnaissance ; cela pour mériter l'or d'un parti, obtenir une avilissante popularité ; et, surtout, pour se venger des grands, près desquels il aurait, en d'autres circonstances, mendié bassement des titres et des richesses !..... Ce serait, comme il le dit si bien, arracher la prêtresse du saint lieu, la prostituer à ses profanateurs, la leur vendre comme l'infidèle Jérusalem vendit son Dieu.

3.

Non, non, je l'ai conduite au fond des solitudes,
Comme un amant jaloux d'une chaste beauté ;
J'ai gardé ses beaux pieds des atteintes trop rudes
Dont la terre eût blessé leur tendre nudité ;
J'ai couronné son front d'étoiles immortelles,
J'ai parfumé mon cœur pour lui faire un séjour,
Et je n'ai rien laissé s'abriter sous ses ailes,
 Que la prière et que l'amour !

L'homme vraiment né poète est passionné pour son art divin ; c'est pourquoi il chérit et cherche la solitude où il trouve la paix et la liberté pour le cultiver. C'est aux champs, c'est au milieu des beautés de la création, qu'il vient puiser ses plus touchantes, ses plus belles inspirations. Sans être misantrope, puisqu'il est sensible et chrétien, il craint le contact des hommes, surtout quand son génie se manifeste à lui et le presse d'écrire sous sa dictée ; jaloux de la beauté vierge de sa muse, il redoute de l'exposer au souffle impur du monde ; ce qu'il exprime si heureusement par cette charmante comparaison :

« Comme un amant jaloux d'une chaste beauté. »

C'est-à-dire, comme un amant, plus épris des vertus de celle qu'il aime que de ses charmes extérieurs, veut jouir seul des parfums qu'elles exhalent ; non par un amour égoïste, mais parce qu'il tremble d'exposer aux yeux des profanes les trésors de cette belle âme. Il va plus loin, il vénère cette chaste vierge, il purifie son cœur, il en fait un sanctuaire où elle puisse se plaire et lui inspirer toujours des chants dignes d'être entendus des anges.

4.

L'or pur que sous mes pas semait sa main prospère,
N'a point payé la vigne ou le champ du potier ;
Il n'a point engraissé les sillons de mon père,
Ni les coffres jaloux d'un avide héritier :
Elle sait où du ciel ce divin denier tombe.
Tu peux sans le ternir me reprocher cet or !
D'autres bouches un jour te diront sur ma tombe
    Où fut enfoui mon trésor.

Le poète a enrichi la postérité de ses beaux chants ; par reconnaissance elle l'a enrichi d'un peu d'or. Il n'a point à en rougir : la source d'où il coulait est pure, et l'usage qu'il en fait honore ses sentimens. Il ne l'a point fait servir à des acquisitions injustes, pensée exprimée par l'allusion à la vigne du pauvre Naboth, si injustement acquise par l'impie Achab, et par celle du champ du potier, Haceldama, prix du sang de l'Homme-Dieu, vendu par Judas aux enfans d'Israël. Cet or n'a point excité dans son cœur la cupidité, cette soif insatiable d'amasser pour lui ou pour d'avides héritiers. Il lui suffit que son ange aux aîles d'or sache l'emploi qu'il a fait des richesses qu'il lui doit ; il se met peu en peine des jugemens iniques que les envieux porteront contre lui. Après sa mort sera révélé l'endroit où il a mis son trésor en dépôt, pour le préserver des vers, de la rouille et des voleurs.

5.

Je n'ai rien demandé que des chants à sa lyre,
Des soupirs pour une ombre et des hymnes pour Dieu.
Puis, quand l'âge est venu m'enlever mon délire,
J'ai dit à cette autre ame un trop précoce adieu :
Quitte un cœur que le poids de la patrie accable,
Fuis nos villes de boue et notre âge de bruit ;
Quand l'eau pure des lacs se mêle avec le sable,
  Le cygne remonte et s'enfuit.

Le poète répète ce qu'il a déjà dit : qu'il n'a pas vendu sa muse au plus offrant. Il ne lui a demandé que des chants qui exprimassent ce dont son cœur était plein, c'est-à-dire ses regrets pour son Elvire et les sentimens religieux qu'avait réveillés la perte de celle en qui il avait concentré son bonheur. Appuyée sur ce faible roseau, sa félicité fut emportée avec ce frêle appui : leçon sévère, hélas! qui fait comprendre à l'homme épris de la créature, qu'il ne doit mettre son amour, son espoir, sa félicité qu'en Dieu, beauté incréée, immuable, dont il doit voir les reflets dans toutes les œuvres de la création, et surtout dans la femme rêvée par le poète, le plus bel ouvrage sorti des mains de Dieu.

Quand l'extrême sensibilité de la jeunesse, encore exaltée par une ardente et vigoureuse imagination, s'est calmée avec l'âge, s'est surtout réfroidie sous les coups de l'adversité qui a détruit une à une les plus chères illusions, le poète mûri par ces dures mais salutaires leçons, a dit un adieu prématuré à cette muse juvénile, si gracieuse, si enivrante, pour demander, dans la solitude, à une muse et plus grave et plus chaste, des chants plus en harmonie avec ses nouveaux sentimens.

Il reconnaît le génie poétique de son adversaire. Il attribue le fiel dans lequel il détrempe ses pensées aux agitations politiques auxquelles il se livre avec emportement. Il l'engage donc à quitter le théâtre, ou plutôt l'arène où se ruent en tumulte les passions haineuses qu'enfantent l'orgueil et l'ambition. Le poète, qu'il compare au cygne, ne peut se plaire au milieu du bruit, de la fange d'un monde qu'agitent et bouleversent les tourmentes politiques.

6.

Honte à qui peut chanter pendant que Rome brûle,
S'il n'a l'âme, et la lyre et les yeux d'un Néron!
Pendant que l'incendie en fleuve ardent circule
Des temples aux palais, du Cirque au Panthéon!
Honte à qui peut chanter pendant que chaque femme

Sur le front de son fils voit la mort ondoyer,
Que chaque citoyen regarde si la flamme
  Dévore déjà son foyer !

Il voue à l'infamie le poète qui peut et qui ose, comme son adversaire, chanter à la vue de sa patrie embrasée par les brandons de la discorde. Allusion à l'incendie de Rome par Néron, à qui cet horrible spectacle inspira, dit-on, des vers infernalement beaux. Rien en effet ne glace le cœur de l'homme de lettres comme les révolutions qui déchirent le sein de sa patrie : alors, si le poète chante, sa lyre, voilée d'un crêpe funèbre, ne fait plus entendre que des accens tristes, des sons lugubres qui portent dans les ames l'effroi de la désolation.

7.

Honte à qui peut chanter pendant que les sicaires
En secouant leur torche aiguisent leurs poignards,
Ou traînent aux égoûts les bustes des Césars !
C'est l'heure de combattre avec l'arme qui reste,
C'est l'heure de monter au Rostre ensanglanté,
Et de défendre au moins de la voix et du geste
  Rome, les dieux, la liberté !

Il mérite certes la honte, celui qui peut chanter dans des temps aussi déplorables que ceux dont le poète nous met l'effrayant tableau sous les yeux. Il en a pris les couleurs dans l'histoire de l'Empire romain, et dans la révolution française en 93, lorsque des démagogues allaient secouant leurs torches allumées par les furies infernales sur tous ceux qui ne partageaient ni leurs sentimens ni leur délire, pendant que ces monstres à visage d'homme, payés pour le crime, faisaient jouer leurs poignards sur le sein des citoyens vertueux, et foulant aux pieds les objets les plus vénérés, couvraient de boue et de sang l'autel et le trône.

Ah! sans doute, c'est alors que l'écrivain généreux doit abandonner le mont sacré, le culte des muses, pour aller faire entendre sa voix forte et courageuse à la tribune politique, pour défendre la religion, la patrie, et la liberté avilies, outragées.

8.

La liberté ! ce mot dans ma bouche t'outrage !
Tu crois qu'un sang d'ilote est assez pur pour moi,
Et que Dieu de ses dons fit un digne partage :
L'esclavage pour nous, la liberté pour toi !
Tu crois que de Séjan le dédaigneux sourire
Est un prix assez noble aux cœurs tels que le mien,
Que le ciel m'a jeté la bassesse et la lyre,
    A toi l'âme d'un citoyen.

Le farouche républicain se trompe sur la véritable acception du mot liberté: pour lui, c'est un amour frénétique de l'indépendance, c'est l'horreur du joug des lois civiles et religieuses; aussi le mot liberté, dans la bouche de l'homme de bien, du chrétien surtout, race d'ilotes à ses yeux, lui semble une dérision, une sorte de blasphème contre la licence revêtue d'un beau nom, que son cœur idolâtre.

9.

Tu crois que ce saint nom qui fait vibrer la terre,
Cet éternel soupir des généreux mortels,

> Entre Caton et toi doit rester un mystère,
> Que la liberté monte à ses premiers autels !
> Tu crois qu'elle rougit du chrétien qui l'épouse,
> Et que nous adorons notre honte et nos fers,
> Si nous n'adorons pas ta liberté jalouse
>   Sur l'autel d'airain que tu sers !

Le chrétien adore la liberté des enfans de Dieu, que le divin Rédempteur est venu apporter à la grande famille d'Adam, et surtout aux hommes de bonne volonté. Cette liberté consiste dans l'affranchissement des passions, tyrans les plus cruels du cœur qui leur est asservi.

Oui, cette liberté par excellence se trouve dans la pratique constante des préceptes évangéliques, résumés dans ces deux mots: Aimer Dieu sur toutes choses et nos frères comme nous mêmes. La liberté qui n'est point assise sur cette divine base est une chimère, une monstruosité enfantée par l'orgueil : elle n'eut et elle n'aura jamais de durée !

Le chrétien, loin de rougir de son esclavage, s'en glorifie; car il comprend qu'il le rend le plus libre des hommes ; il ne rampe jamais aux pieds des puissans, des favoris, ni même des rois, pour en obtenir des faveurs aux dépens de sa conscience, de l'estime qu'il fait de lui-même : il garde tout son encens pour Dieu et la vertu.

Les Brutus, les Caton n'eurent jamais l'idée d'une semblable liberté : Platon seul, rêva quelque chose qui y ressemblait beaucoup (dans sa République), sans doute parceque sa doctrine philosophique reposait sur des bases solides : unité d'un Dieu, immortalité de l'âme, récompenses éternelles aux gens de bien, et aux méchans des peines et des supplices sans fin. D'un tel système devait découler nécessairement une morale pure. Il fallait bien qu'elle fût jugée telle, puisque les pères de l'église ne dédaignèrent pas d'étudier la philosophie de Platon, et que Clément d'Alexandrie dit qu'elle avait servi aux Grecs pour les préparer à la connaissance de l'évangile, comme la Loi avait servi aux Hébreux.

La liberté sauvage et jalouse des Brutus anciens et modernes sera toujours un absurde mystère pour le vrai chrétien.

« Sur l'autel d'airain que tu sers. »

C'est-à-dire cette prétendue nécessité qui fait sacrifier, sans pitié comme sans honte, les intérêts généraux aux intérêts privés d'un parti ; cette espèce de divinité aveugle, cruelle et inflexible, qu'adoraient les païens ; cette règle toute machiavélique que suivent invariablement tous les oppresseurs.

10.

> Détrompe-toi, poète, et permets-nous d'être hommes,
> Nos mères nous ont faits tous du même limon :
> La terre qui vous porte est la terre où nous sommes ;
> Les fibres de nos cœurs vibrent au même son ;
> Patrie et liberté, gloire, vertu, courage,
> Quel pacte de ces biens m'a donc déshérité ?
> Quel jour ai-je vendu ma part de l'héritage,
>   Esaü de la liberté ?

Le poète justifie ici les chrétiens d'une très-vieille accusation, intentée contre eux particulièrement par Julien l'apostat et par sa cour de sophistes, accusation recueillie et réchauffée avec amour par les incrédules modernes. C'était l'affectation de considérer les chrétiens comme des êtres passifs qui s'interdisaient tout raisonnement comme un crime, espèces d'animaux stupides en qui toute sensibilité était éteinte, parce qu'ils la regardaient comme un obstacle à la perfection. Absurdités mille et mille fois anéanties par les écrits vengeurs d'écrivains célèbres et consciencieux. Amour des arts, de la science, d'une saine philosophie, amour de la patrie, d'une sage liberté pour tous, admiration pour la vraie gloire, le courage, la vertu, le chrétien ne répudie aucun de ces sentimens. Nous osons dire qu'en lui ils sont d'autant plus exquis, plus intimes, qu'ils sont plus épurés. Où donc existe la loi qui l'oblige à renoncer à cette part de biens, commune à tous ceux à qui elle est offerte ?

11.

Va ! n'attends pas de moi que je la sacrifie,
Ni devant vos dédains, ni devant le trépas !
Ton Dieu n'est pas le mien et je m'en glorifie ;
J'en adore un plus grand qui ne te maudit pas !
La liberté que j'aime est née avec notre âme,
Le jour où le plus juste a bravé le plus fort ;
Le jour où Jehova dit aux fils de la femme :
    Choisis, des fers ou de la mort !

Le poète chrétien est inaccessible au respect humain, à la crainte : il se glorifie à la face du ciel et de sa foi et de ses sentimens. Qu'on ne lui suppose pas d'après cela du mépris, de la haine pour ceux de ses frères qu'ont égarés leurs pensées superbes : il les plaint de toute son âme, et supplie le Dieu qui ne les maudit pas de répandre sa lumière dans leur esprit et sa grâce dans leur cœur.

« La liberté que j'aime, etc. »

Liberté des enfans de Dieu, affranchis de l'esclavage du démon le jour où le divin rédempteur du haut du Golgotha porta un coup mortel à ce fort armé, et arracha son aiguillon à la mort qui, à sa suite, était entrée dans le monde pour solder le péché.

« Le jour où Jehova dit aux fils de la femme :
Choisis, des fers ou de la mort. »

L'homme conserva sa liberté après sa prévarication, un sauveur ne lui fut pas imposé ; il fut promis et annoncé aux hommes de bonne volonté ; les autres le méconnurent, le rejetèrent : « il est venu parmi les siens, et les siens ne l'ont pas reçu. »

12.

Que ces tyrans divers dont la vertu se joue,
Selon l'heure et les lieux s'appellent peuple ou roi,
Déshonorent la pourpre ou salissent la boue,
La honte qui les frappe est la même pour moi !
Qu'importe sous quel pied se courbe un front esclave ?
Le joug d'or ou de fer n'en est pas moins honteux ;
Des rois tu l'affrontais, des tribuns je le brave ;
 Qui fut moins libre de nous deux ?

Les poètes vraiment dignes de ce nom, ont été dans tous les temps des hommes à idées grandes et généreuses ; doués d'une telle élévation de sentimens, que leurs ennemis qui n'étaient autres que les persécuteurs des peuples, n'ont pu s'empêcher de rendre hommage à leur incorruptibilité. Les tyrans, aux yeux de ces hommes inspirés, beaux vestiges des antiques prophètes, étaient aussi des instrumens entre les mains de la divinité, dont ils accomplissaient les desseins sur les nations coupables, tout en ne croyant servir que leur propre intérêt, que leurs honteuses passions. Ces poètes flétrissaient aussi le vice sous quelque livrée qu'il se montrât; mais ces hommes pour qui l'infamie revêtue de la pourpre ou enveloppée dans les plis de la toge, était toujours l'infamie, se gardaient pourtant d'ameuter les passions contre ces agens aveugles de la justice divine: sans doute ils respectaient leur mission; puis la pensée de faire couler des flots de sang pour renverser un seul homme leur semblait atroce. Plus confians dans la sagesse de la providence, ils attendaient patiemment le soufle d'en haut qui devait tôt ou tard balayer comme la poussière ces superbes oppresseurs de l'humanité.

Ne règne-t-il pas en roi sur lui-même et sur les passions des autres, l'homme qui professe cette sage modération !

13.

Fais-nous ton Dieu plus beau, si tu veux qu'on l'adore !
Ouvre un plus large seuil à ses cultes divers !
Repousse du parvis que leur pied déshonore
La vengeance et l'injure aux portes des enfers !
Ecarte ces faux dieux de l'autel populaire,
Pour que le suppliant n'y soit pas insulté ;
Sois la lyre vivante et non pas le cerbère
    Du temple de la liberté !

Liberté ! mot magique, sonore, fier et gracieux, doux et fort, qui soulève les masses; hochet brillant et faux, du moins dans le sens que l'entendent ses fanatiques adorateurs,

Mais quel désenchantement succède aux belles illusions, quand on voit ensuite les dispensateurs de ce bien tant vanté, en faire une si large part pour eux, celle du lion, et une si mince pour leurs pauvres dupes ! Hélas ! c'est ce que l'expérience a cent fois prouvé ; mais l'homme semble aimer qu'on le séduise !... Le langage acerbe, cynique même, les déclamations virulentes de ces prôneurs de liberté, ou le bel étalage de leur philanthropie, de leur générosité, de toutes leurs vertus passées, présentes et futures, car les ambitieux ont aussi leur genre d'hypocrisie, devraient dessiller bien des yeux.

Ah ! ce n'est pas ainsi que les apôtres d'une vraie et sage liberté l'ont prêchée : tous les supplians, pauvres ou riches, ignorans ou savans, faibles ou forts, avaient accès dans son temple, nul n'était repoussé dédaigneusement ; liberté pour tous, était l'inscription du frontispice, et non pas liberté pour nous et pour nos amis.

14.

Un jour de nobles pleurs laveront ce délire,
Et ta main, étouffant le son qu'elle a tiré
Plus juste arrachera des cordes de ta lyre,
La corde injurieuse où la haine a vibré !
Mais moi, j'aurai vidé la coupe d'amertume
Sans que ma lèvre même en garde un souvenir ;
Car mon âme est un feu qui brûle et qui parfume
    Ce qu'on jette pour la ternir.

Supposition toute chrétienne, noble désir inspiré par la charité. Il doit être en effet bien pénible pour un homme doué d'un si beau génie, de voir un autre faire un si déplorable usage du sien ; car le vrai talent ne connaît point l'ignoble et odieuse envie. Un grand homme outragé par un énergumène, le plaint comme on plaint un malade qu'une fièvre ardente dévore ; son délire est l'objet, non d'une pitié hautaine et dédaigneuse, mais de la pitié d'un cœur où le pardon se trouve long-temps avant la manifestation du repentir ;

Car son âme est un feu qui brûle et qui parfume
Ce qu'on jette pour la ternir.

II.

OISIVETÉ.

DÉFINITION.

SUJET DE COMPOSITION TIRÉ DU TÉLÉMAQUE.

L'oisiveté, c'est l'engourdissement de l'âme, né de l'abus du loisir. L'oisiveté nous tient éloignés de toute occupation, état aussi contraire à la nature qu'à l'ordre divin et social, et au bonheur personnel. La nature en nous donnant des besoins nous impose l'obligation d'y pourvoir. Le créateur en nous formant à son image, exige de nous un emploi raisonnable, et digne des facultés et des talens dont il nous a doués. La société, en nous admettant dans son sein, attend le tribut de nos talens et de notre travail. Notre propre bonheur dépend d'un genre de vie qui nous assure le témoignage intérieur de notre conscience, témoignage qu'elle n'accorde qu'au concours des œuvres relatives à l'état qui est notre partage.

A la suite du travail le repos est agréable et nécessaire; mais le repos perpétuel est le sort le plus fastidieux. Quel ennui n'accable pas les hommes inoccupés? Ce n'est donc pas sans raison qu'un de nos auteurs modernes a dit: « Je plains l'homme accablé du poids de ses loisirs. » En effet, quel mépris n'est pas attaché à leur honteuse inertie ? Dans le vide de leur vie, il ne leur reste pour le remplir que la funeste ressource de s'abandonner aux vices.

Pourquoi la plupart de ces gens qu'on appelle si improprement les heureux du siècle, partagent-ils leurs journées entre la table, les visites et le jeu ? C'est que le dégoût et l'ennui empoisonnent tous les instans où ils se voient livrés à leur nullité. Pourquoi la mollesse et le luxe, qui entraînent la ruine de la fortune, sont-ils pour eux des soins si précieux ? C'est qu'on se livre inévitablement au mal dès qu'on n'est pas occupé du bien. L'oisiveté fait tomber les hommes dans le mépris et conduit les femmes au déshonneur. On n'estime dans la société que les membres qui lui sont utiles : tous les autres sont considérés comme une charge ; on ne les supporte qu'à regret ; on les compare avec raison à ces plantes parasites, inutiles ou dangereuses, qui attirent à elles toute la substance nécessaire à la vie de celles dont on ne peut se passer.

Quelles sont les femmes qui ont renoncé à ce qui fait tout le mérite et le plus bel ornement de leur sexe, la pudeur, la modestie, la pureté des mœurs ? Nous ne les trouvons certainement pas dans la classe de celles dont l'économie et la vigilance dirigent les détails d'un ménage ; dont la science, la tendresse et la vertu président sans cesse à l'éducation de leurs enfans !

Pour les gens oisifs, le comble du malheur c'est de vieillir ; accablés sous le poids de tant d'années inutiles ou criminellement employées, ils sont insupportables, odieux à eux-mêmes, autant que fatigans pour ceux qui sont obligés de leur donner des soins.

III.

DISSERTATION
SUR LA MUSIQUE,

SUJET TIRÉ DU 2ᵉ LIVRE DE TÉLÉMAQUE, TRAITÉ PAR LES ÉLÈVES
DE LA PREMIÈRE CLASSE.

« Apollon, dépouillé de tous ses rayons, fut contraint de se faire berger, et de garder les troupeaux du roi Admète. Il jouait de la flûte, et tous les autres bergers venaient à l'ombre des ormeaux, sur le bord d'une claire fontaine, écouter ses chansons. Jusque-là ils avaient mené une vie sauvage et brutale; ils ne savaient que conduire leurs brebis, les tondre, traire leur lait, et faire des fromages. Toute la campagne était comme un désert affreux. »

TÉLÉMAQUE, livre II.

> Alors les nobles sons, en prodiges fertiles,
> Rassemblaient les humains errans au fond des bois;
> Aux champs Béotiens créaient soudain des villes
> Et leur donnaient des lois.

Cet art enchanteur de rendre des idées par des sons, remonte, pour ainsi dire, à la naissance du monde; l'antiquité sacrée nous apprend que Jubal, fils de Lamech, inventa des instrumens de musique; la Bible fait mention d'instrumens à cordes, à vent et de répercussion, tels que le kinnor ou cithare, le cistre, le psaltérion, le tympanon, l'orgue, les trompettes, les cimbales, le thôf, espèce de tambour, etc., etc. L'antiquité profane, de ses premiers musiciens, Apollon, Linus, Orphée, Pan qui inventa la flûte, Mercure qui trouva la lyre, fit des dieux et des demi-dieux. Les fables ingénieuses qu'elle nous raconte sur les effets de la musique : les murs de Thèbes construits aux sons de la lyre d'Amphion ; le sombre empire et Pluton lui-même rendus sensibles aux accords mélodieux d'Orphée ; les animaux les plus féroces devenus, par le pouvoir de l'harmonie, plus doux que des agneaux ; enfin les histoires merveilleuses d'Arion, tout cela est bien propre à nous faire comprendre le pouvoir de cet art divin et les bienfaits immenses que lui durent les premiers hommes.

Écoutons la gracieuse Mythologie.

>Qu'entends-je ? Euterpe au pied d'un hêtre
>Chante les troupeaux, les jardins ;
>Du son d'une flûte champêtre
>Réveille les échos voisins.
>Deux bergers que sa voix enchante,
>Des biens tranquilles qu'elle chante
>Viennent étudier le prix ;
>Et tous deux osent après elle,
>Sur une musette fidelle,
>Redire ce qu'ils ont appris.

Dans tous les temps et chez toutes les nations, la musique a été considérée comme un présent de la divinité pour adoucir les maux, les soucis qui accablent la pauvre humanité, et pour rendre les hommes doux, bons et vertueux.

En effet, la musique bien dirigée, c'est-à-dire celle qui ne s'écarte pas du but que la sagesse divine s'est proposé en faisant ce don à la terre, la musique, disons-nous, purifie l'âme, en éloigne les troubles, appaise les passions, inspire l'amour de la vertu et elève nos désirs vers le ciel.

> Et vous, accords divins, accords dont le prophète
> Endormait dans Juda de royales fureurs,
> Dans les cœurs agités appaisez la tempête
>   Des coupables erreurs.
>   A. Tastu.

La nature tout entière publie les louanges de son auteur. N'y a-t-il pas pour l'homme de méditation, pour le poète, des harmonies mystérieuses et ineffables dans le murmure des vents à travers les forêts, dans celui des eaux de la cascade, dans les roulemens solennels des vagues de l'Océan, enfin dans les éclats de la foudre répétés par les échos des montagnes ?

Il n'y a rien, dit Chateaubriand, de plus religieux que les cantiques que chantent avec les vents les chênes des forêts et les roseaux du désert !

Ces diverses harmonies, et le chant des oiseaux surtout, servirent sans doute de modèles pour établir les principes de la musique, que Pythagore, dit-on, réduisit le premier en art.

> Pour célébrer l'auteur de la nature,
> L'oiseau reçut un chant mélodieux ;
> Et notre offrande est à ses yeux plus pure
> Quand nos concerts la portent vers les cieux.
>   Mme Perrier.

Avec la musique naquit la poésie, de là cette charmante idée de la riante mythologie, que les muses sont sœurs. Les hommes ne furent guère moins sensibles aux charmes de l'une qu'aux touchantes et nobles beautés de l'autre ; et ces deux arts réunis ravirent leurs âmes, les arrachèrent à la terre pour les transporter dans les régions célestes.

> Alors de la nature éloquente interprète,
> Ton pouvoir animait le naissant univers,
> Prêtait des bruits divins à la terre muette,
> Peuplait les lieux déserts.
>
> A. Tastu.

Mais ces présens de la munificence d'un Dieu, bon jusqu'à penser à nos plaisirs, ces dons qui ne devaient leur en procurer que de saints et de purs comme ceux des anges, et faire de la terre un second Eden, les hommes ingrats, abusant de tous les bienfaits du créateur, les firent servir à soulever les passions ou à faire naître les tempêtes du cœur.

Chez les Israélites, peuple grave et profondément religieux, la musique conserva long-temps sa pureté primitive : ils ne la faisaient servir qu'à chanter les grandeurs de Dieu, les beautés de la création, les vertus patriarchales ; plus tard l'amour de la patrie, la bravoure, la générosité, les grandes actions des héros, et les plus doux sentimens de la nature : la tendresse filiale, l'amour conjugal, les douceurs d'une sainte amitié, en un mot, tout ce qui était bon et louable. Mais quand ce peuple eut commerce avec les nations idolâtres, à leur imitation, il prostitua au culte des faux dieux, et aux passions qu'il inspirait, les deux arts qui, jusqu'alors, avaient été les soutiens de sa piété et de sa vertu. De là les reproches que leur faisaient les prophètes, de mêler à leurs festins les accens d'une musique molle, efféminée, folâtre ; de se couronner de fleurs, d'user de parfums, de se gorger de viandes et de vins, comme les infidèles.

Le peu d'estime que les Egyptiens faisaient de la musique, qu'ils considéraient comme un art propre à corrompre, à amollir les esprits, était donc fondé et appuyé sur des faits. Mais puisqu'ils avaient des lois si sévères pour réprimer les vices et les abus, que n'en faisaient-ils aussi pour astreindre leurs musiciens et leurs poètes à ne composer que des chants et des paroles qui pussent porter les hommes au bien? Parce que l'homme abuse de tout ce qui est bon, juste, saint, s'ensuit-il qu'on doive le retrancher? Si l'on agissait ainsi, le monde, privé des sciences et des arts, retomberait dans la barbarie.

Il faudrait que ceux qui ont autorité sur les peuples, veillassent avec une sollicitude toute paternelle pour laisser introduire le moins d'abus possible, c'est-à-dire pour éclairer les hommes sur leurs véritabes intérêts, en employant la persuasion et, au besoin, la force repressive des lois.

Il n'y a point, dit un judicieux écrivain, de plus perfide école pour les jeunes gens que le théâtre: il faudrait en changer les sujets et composer des pièces propres à leur inspirer le goût des vertus ; alors les mœurs y gagneraient.

Puisque l'empire de la musique est si grand, si puissant sur le cœur, pourquoi ne l'emploierait-on pas à former d'honnêtes gens et de bons citoyens?

>Lyre, qui te rendra ta divine influence,
>Et les magiques sons qui soumettaient nos cœurs?
>Ah ! ressaisis tes droits, et répands sur la France
>   Tes antiques faveurs !

A. Tastu.

IV.

UN CONCILIATEUR,

SUJET DE COMPOSITION TIRÉ DU XIe LIVRE DE TÉLÉMAQUE
TRAITÉ PAR LES ÉLÈVES DE LA PREMIÈRE CLASSE.

> « Tout-à-coup Mentor dit aux rois et aux capitaines rassemblés : désormais, sous divers noms et divers chefs, vous ne ferez plus qu'un seul peuple. C'est ainsi que les dieux amateurs des hommes qu'ils ont formés veulent être le lien éternel de leur parfaite concorde. »
>
> TÉLÉMAQUE, livre XIme.

Un conciliateur, tel que ma pensée le conçoit, c'est un homme dont le cœur est rempli de l'amour de Dieu et de ses semblables, un homme profondément pénétré de cette vérité, qu'il n'y a sur la terre de bonheur qui mérite ce nom, de félicité possible, que dans le règne de la paix, de la concorde entre les créatures raisonnables que Dieu n'a placées ici bas qu'afin que, s'entr'aimant, elles s'entr'aident à supporter les misères de la vie et à se les rendre moins amères, moins pesantes ; un homme enfin intimement convaincu que cette loi d'amour est toute dans leurs plus cher intérêts, toute pour leur bonheur.

Le conciliateur fait ses délices de méditer nos livres sacrés, et s'efforce chaque jour de régler ses sentimens, ses pensées, ses paroles et ses actions, sur les saintes maximes dont il s'est nourri. C'est un homme dont l'esprit et le cœur sont humbles et doux, dont l'âme droite abhorre jusqu'à l'ombre d'une injustice. Il possède cette éloquence naturelle, toute de sentiment, qui touche les cœurs les plus ulcérés, calme les esprits altiers, et porte la conviction dans les plus prévenus. Il est patient et courageux ; il fait abnégation complète de lui-même ; c'est le bonheur de ses frères qu'il a seul à cœur, le sien y est réellement attaché ; il poursuit donc son but avec une constance que ne peuvent vaincre, que ne peuvent même abattre un instant, ni l'orgueil, ni les injustes préventions, ni les défiances outrageantes de ceux près desquels il remplit sa sublime et touchante mission. Il ne s'aigrit ni ne s'irrite contr'eux ; sa patience, sa douceur, sa sérénité ne l'abandonnent jamais. Les hommes dont les cœurs sont agités par la haine et la vengeance, sont à ses yeux d'infortunés malades dont l'esprit du mal a renversé le sens et le jugement. Oh! il le sent, il le comprend, il faut un art tout divin pour opérer une guérison dont tout le monde désespère ; aussi est-ce au pied de son crucifix qu'il va puiser la science et la force pour l'essayer : il y trouve cette prudence pour le choix des remèdes, cette douce insinuation qui en démontre l'efficacité, quelque amers, quelque rebutans qu'ils paraissent à l'orgueil irrité Médecin compatissant, il ne heurte point de front les idées, les sentimens de ceux qui sont en proie au délire des passions ; il les plaint, les console, il semble même entrer dans leurs ressentim ns ; mais avec quelle ingénieuse adresse il atténue les fautes de la partie adverse, fait la part des circonstances, et surtout excuse les intentions ! Enfin, il calme, il adoucit par degrés, faisant valoir d'un côté les avantages, les douceurs ineffables de la paix, faisant voir de l'autre la véritable grandeur d'âme dans le pardon de l'outrage ; la lâcheté, l'infamie dans la vengeance.

Les exemples touchans ne manquent pas à l'homme de paix : il les cite avec cet accent de sensibilité qui remue l'âme, avec cette onction de charité qui pénètre les cœurs et fait couler de douces larmes.

C'est aux pieds d'un Dieu mort pour réconcilier les hommes avec son père, mort en pardonnant à ses bourreaux, qu'il vient déposer humblement la palme de sa victoire ; c'est-là qu'il goûte une joie, des consolations qu'il n'est pas donné à l'éloquence humaine de faire comprendre, parce que c'est quelque chose qui ressemble à la joie qui inonde le cœur des élus.

Si celui qui sème la zizanie parmi ses frères est un objet d'abomination aux yeux de Dieu, le conciliateur sait aussi que celui qui fait régner la paix parmi les hommes, attire sur lui les regards complaisans de la divinité, et sur sa tête toutes les bénédictions célestes.

Analyse d'une Ode

DE M. DE LAMARTINE,

ET AUTRES ESSAIS,

PAR M.lle DEBARRECQ

www.ingramcontent.com/pod-product-compliance
Lightning Source LLC
Chambersburg PA
CBHW060647050426
42451CB00010B/1229